MW01330992

LAS ALAS DEL ENCIERRO

WILLIAM PÉREZ VEGA

Marzo 2023

ISBN 9798387524721

Editorial Poetas en Marcha Puerto Rico

Autor
William Pérez Vega

Fotos
Rubis M. Camacho

Arte y diagramación
William Pérez Ayala

Edición
William Pérez Vega

Tabla de contenido

DEDICATORIA

A mis compañeros de viaje:
Eva, Quique, Rubis y Sandra

PRÓLOGO

Dice Jorge Luis Borges en su poema "Fundación mítica de Buenos Aires ": *...A mí se me hace cuento que empezó Buenos Aires: / La juzgo tan eterna como el agua y como el aire." o: "...y sentí Buenos Aires / Esta ciudad que yo creí mi pasado / es mi porvenir, mi presente..."*

Buenos Aires es conocida como la Ciudad de la Furia, la que nunca duerme y aquella en la que podés encontrar una propuesta en cada esquina...
Un pueblo grande que nos brinda miles de opciones, aunque la vida cotidiana y el apuro, nos dejen una pequeña limosna de tiempo para disfrutarla.

Un puñado de amigos boricuas llega para participar en la Feria del Libro 2022, allí quedamos en encontrarnos. Una mágica atracción hizo que chocáramos de frente en un océano de gente. Y desde allí, el concepto de Bs. As. comenzó a desdibujarse. Quisimos juntarnos luego en un bar en los alrededores pero perdimos parte del grupo en la marejada y finalmente sólo compartimos un café a las apuradas porque, contradiciendo toda cordura, los lugares disponibles cerraban a las 20 hs.

No son tiempos normales los que estamos viviendo, además de propuestas hay una amenaza aguardando en cada esquina, con un nombre raro (SARS-CoV-2) y una condena certera que se cumple a rajatablas, a fuego lento, para marchitar las flores, oscurecer la mirada que no puede viajar más allá de la ventana, el triste color del hollín y la garúa de una estrecha calle en el micro centro porteño. Un encierro sin perfumes, sin risas, sin colores, sin abrazos y un equipaje a medio hacer. Un tiempo eterno cargado de sombras que impide el vuelo. Dice Lepera y canta Gardel en el tango Soledad: *"...Cómo es de amarga y honda mi eterna soledad / Pasa la noche el minuto muele / La pesadilla de su lento tic-tac..."*

Por suerte, en el antes, hubo paseos: "Caminito" como lugar emblemático donde se conjugan el tango, el futbol y el sentimiento de un pueblo que pelea su moneda cada día. (El tango no fue escrito para este pintoresco lugar en La Boca sino en Olta, un pequeño pueblo de La Rioja donde su autor, el poeta Gabino Coria Peñaloza, se enamoró de una muchacha de familia distinguida que se opuso terminantemente a que este romance prosperara).

Av. Corrientes, la de las luces rutilantes junto a los teatros y los chiquilines que venden ramitos de flores para sobrevivir. Quizás como lo vio Piazzolla en su canción "Chiquilín de Bachín".

Plaza Dorrego y San Telmo donde habita la magia en la mano de los artesanos.

Este libro contiene miles de instantáneas de lo

transcurrido antes, durante y después de esta sentencia. Sus primeros versos rezan: *"La calle / es un muchacho de ojos tristes / que anda por Buenos Aires..."* Luego se detiene en el camión de deshechos, en los relojes, en el miedo. Mecha la amistad de sus compinches de viaje, un grupo de cinco, a los que le dedica distintos poemas: *"...éramos cinco / y nos bebía la noche / la bohemia de barrio pequeño / una mesa rodeada de risas por todas partes / como la isla de la alegría / con su pentagrama de tangos..."* Puedo reconocerlos en sus voces.

Pinta espléndidamente su desazón en un párrafo del poema "La moneda del alma": *"...cuando solo se nos ocurrió / decir poesía para pagar lo que debemos / porque a veces solo nos queda la metáfora / como si el verso fuera la moneda del alma."*

En su poema "Esta ciudad" William hace una descripción de Buenos Aires con una detallada y breve filigrana. Así la vivimos, así la padecemos y así la amamos.

"Las alas del encierro" es un magnífico poemario donde, con maestría, William Pérez Vega refleja su encierro en un lugar que no es el propio. Tal vez Goyeneche le cantaría: *"Yo miro a Buenos Aires desde el nido de un gorrión..."*

La remembranza es fuerte y todo se torna naufragio. El poeta nos *susurra "Es mejor no tener memoria / ahora que el virus / es un pecado que nos deja solos / con su pedazo de hielo..."* o *"...a ver si te levantan el castigo / porque las alas son para siempre."* La poesía, como puede, se mantiene a flote y en este caso puntual se vuelve fulgor, alas, cielo...dadas a la vida.

Y aquí muy al sur, llega el día que se desploman las rejas ante el abrazo y llega la oportunidad de ver algunos amigos, de compartir un risotto de letras, una "ultima curda" que nos devuelve la sonrisa y un barrilete de arco iris sobrevolando las farolas de la calle Corrientes para recuperar nuestra luna, la de aquí, la de Puerto Rico que nos une en la distancia con una balada para "los locos y los poetas".

Nuestra maravillosa Eladia Blázquez dice que "Siempre se vuelve a Buenos Aires". Seguramente volveremos a vernos aquí o tal vez en la Isla del Encanto.

En realidad el lugar no importa, lo que anhelamos es el reencuentro, una nueva copa de risas, un plateado mar de poesía y muchos abrazos, todos los que tuvimos vedados en este tiempo eterno.

Gabriela Delgado

Nota del autor: Gabriela Delgado es una excelente poeta argentina con quien hemos compartido en su país y en el nuestro.

UNA PRESENTACIÓN NECESARIA

Este poemario nace a partir de nuestra visita a Argentina donde participábamos como invitados a la Feria Internacional del Libro en Palermo, Buenos Aires. Habíamos conocido Argentina por sus grandes aportaciones a la música y la canción, a la literatura, y como parte de ésta, a la poesía, también al deporte, y como parte del escenario histórico y político de nuestra América.

Si eso había sido hermoso e interesante, mucho más lo fue conocerla desde allí. La feria de Palermo nos asombró por la asistencia multitudinaria, por la amplia variedad de libros y editoriales. Buenos Aires nos regaló sus calles, sus edificios altos, las noches de caminata, sus lugares históricos, su fiesta de artesanos, la bohemia que se nos ocurriera y su gente buena fuera de toda duda, todo enmarcado en un clima fresco que nos acogió con mucha tibieza. Allí estuvimos representando al PEN Internacional de Puerto Rico. Éramos cinco, y como si fuéramos uno o cien: Sandra Santana, Rubis M. Camacho, Luis Enrique Romero, Eva L. Ayala Reyes -amante de la buena poesía y luchadora inclaudicable, y este jibarito de Comerío.

El día antes de regresar a Puerto Rico, las pruebas requeridas dieron en mi caso un positivo al virus. Lo primero fue convencer a los demás para que ellos regresaran. Tarea que no fue fácil por los lazos de solidaridad y compañerismo que siempre nos han hermanado. Logrado eso, me correspondería estar confinado en la habitación del hotel durante 10 días adicionales. Pudimos adaptarnos a esa nueva experiencia gracias a la solidaridad y la continua comunicación de nuestros amigos en Puerto Rico y en la propia Argentina. Solo teníamos una ventana desde el piso 7 para asomarnos a la calle, tomar algunas fotos y alimentar la memoria. Pero teníamos las alas de la poesía.

Este poemario es resultado de esa inmensa experiencia. Es una experiencia única y tiene mucho de tango. Hoy lo damos a conocer.

LAS ALAS DEL ENCIERRO

SI LO VES

La calle
es un muchacho de ojos tristes
que anda por Buenos Aires
me cuenta que perdió su cometa
se quedó sin alas detrás de la ventana
no tiene tanta hambre,
aunque sí de abrazos
lleva frío de paredes grises
y edificios ajenos
tiene la mirada hecha trizas
como un alma que sangra
y por más que quiere
no hay labios para su nombre
tiene un paisaje de pájaros
al otro lado del mundo
un planeta detenido
que juega con su pétalo de agua
en algún lugar
más lejano que el olvido,

si lo ves
no lo dejes ir
dale un abrazo
y dile que lo esperas.

LA CALLE

La calle
está hecha de estertores
el camión de los desechos
y su queja de planeta oprimido
detrás de cada jornada
la risotada que rompe distancias
un millón de prisas en cada orilla
las paredes que apuñalan
tu mochila azul de asombros
el anaquel de los deambulantes
con su ladrido callado
en el péndulo de la cola
y un minutero recostado en los ojos
como una ciudad capital de cualquier país
porque la vida sólo transcurre
en este planeta de las indiferencias
que nos carga detrás de la oreja
mientras un poeta venido a menos
le pide explicaciones a la poesía
cuando este polo derrite el futuro
como una amapola que rompe el silencio.

ALGÚN DÍA

Algún día
dirán tal vez
que conocieron a este loco
que le dio por recorrer
las calles de otro hemisferio
y quiso dibujar
una risa en cada labio
el poema de las utopías
el consuelo de alguna esperanza
un pedazo de asombro
en lo alto de cada rostro
el retozo de los manantiales
en aquel niño que deshoja la calle
la estrella sola en el cielo de mi gente,
el huerto de todas las espigas
como pan y abrigo para los pueblos
una rabia hecha de malas palabras
que derrumbe a los opresores
y la palabra libertad en medio del alba.

LA MORADA QUE ESPERA

La tarde
sabe a pan duro
como un camino largo
de flores arrancadas
huele a paredes grises
y orín de dioses ajenos
lleva puñales en el viento
un agujero de miedo
que se persigna detrás de la ventana

el tránsito viscoso
como un afán de lucro tras las bóvedas
por donde las monedas llevan agua bendita
o un viento frío que viene del lado ajeno.

Adentro
está de abrazos
en el latido de la niña
que sueña peluches de nube
para completar su zodíaco de sueños
la consigna convertida en nana
y la morada que espera
en el balcón de este regreso.

A VECES LA AMISTAD

A veces
la amistad es
una canción
dos amigas y una guitarra
que nos hablan
de barcos de papel,
de pelearnos a la buena
el rato que nos debemos
o una canción suspendida
en el rabo del aire
que se guarda en los ojos
como un juguete de rocío,
entonces nos damos cuenta
que la amistad es
otra manera para derrotar la soledad
que tantas veces se viste de tonelada
al otro lado de una esfera
y si no la pronunciamos
morirá en la ciudad del olvido.

Por eso también la canto.

LA MONEDA DEL ALMA

A veces nos vamos a ciegas
como una multitud que no conocemos
y cuando menos lo esperamos
nos nace un puñado de lumbre
la mano abierta con su pétalo de luces
algo así como el lado luminoso
de esta esfera que habitamos
entonces miramos desde adentro
como aquella mañana en una calle de Buenos Aires
cuando solo se nos ocurrió
decir poesía para pagar lo que debemos
porque a veces solo nos queda la metáfora
como si el verso fuera la moneda del alma.

CAMINITO

Nunca pensé
que cantaría con Gardel
gritaría con Evita
y jugaría con Diego
en cualquier balcón
que nos recibe con la mano en alto
por donde entramos juntos
al mismo salón
con el reloj detenido en la guitarra
los labios del café
que cierra todas las heridas
el brindis en la misma pequeña mesa
mientras el vaivén de pasos
en la tarima al alcance de la mano
repetir un tango como ahora mismo
y sentirlo piel adentro o llanto afuera
andar el callejón del tiempo
y sin darnos cuenta decirle adiós a Caminito
donde todas las conjugaciones del amor
ocurren en el mismo segundo.

FLORES

La calle hecha de flores
que regala el camino
digamos, un saludo
la sonrisa detrás de una ventana
el abrazo que une partes rotas
los labios del café temprano
para dibujar las entrañas,
el brindis que deshila una canción
la carcajada de los flamboyanes
o su aplauso de vainas secas
las cabriolas del arroyo desnudo
las caracolas que cantan su botella al mar.

Ahora sé porqué
siempre me gustaron las flores
esas miramelindas en el beso
multicolor de sus orillas
que se alzan proletarias antes del día,
humildes como mi madre
algo así como el resumen de todas las hermosuras

lo pude comprobar en aquel niño
que anda por Buenos Aires
con su ramo de pétalos
y su átomo de lluvia
cuando se detuvo a jugar conmigo
en la molécula del cariño
y entre los dos inventamos
el planeta de la felicidad

en cualquier lugar
que nos sorprenda la vida.

ESTA CIUDAD

Esta ciudad de cenizas
lleva filos de concreto,
un cielo cuadriculado,
el sol cortado a cuchilladas
y la marca de los dioses en cada primogénito,
orín de libros sagrados sin editar,
un virus que anda con la muerte
en la esquina del miedo
y la señal de la cruz tras las hendijas,
tantos pasos como siluetas de sombra,
quizás una esperanza en la casa del trabajo
que de vez en cuando
hace de la sílaba un poema
y del grito su única consigna.

Esta ciudad late en cualquier lugar del planeta
y está hecha de gente que camina.

AL REGRESO

Caminaré la tarde
de mi último suspiro
soñando dos luceros
con un beso vacío
y un llanto en el adiós

Me mirarán mojadas
las flores de otra orilla
un ladrido de luna
dirá una sola estrella
entre nosotros dos.

Seré una despedida
un verso en el olvido
de una calle tranquila
el brindis que dejamos
a mitad del salón.

Pero cuando regrese
tendré un beso en el alba
habrá campanas nuevas
y la fiesta más grande
en casa del amor.

CORRIENTE 348

Corriente 348
segundo piso, ascensor:
y aunque soñé con buscarla
tuve miedo de encontrarla
y perder una canción.

Es tan dulce alzar la copa
y rasgar el diapasón
y que se quede en el alma
aquella noche de parra
en la misma habitación .

El llanto de la guitarra,
las notas de un bandoneón
y disfrutar en el tango
la cadencia de su encanto
y el alma de una nación

Que se desliza en la danza
al fondo de la ilusión
y recorre, proletario
de Argentina el escenario
que llevo en el corazón.

Yo no quiero que se rompa
esa magia de ocasión
estoy hecho de nostalgia,
de utopías, canto y alba,
de bohemia y sinrazón.

Soy un obrero del sueño
de la vida un constructor
brindo por cada utopía,
la lucha y la rebeldía,
la simpleza de una flor.

Entonces, pasé de largo
y que sigamos los dos
un bandoneón, la guitarra
"y un gato de porcelana
pa' que no maulle al amor."

ANUNCIO DE TORMENTA

Anunciaron tormenta
como si no fuera suficiente
encerrar lo que sobra de un sollozo
para decirle adiós al saludo de sus ramas
con su celebración en la danza del viento
porque en algún lugar de esa ciudad
tenía que haber una fiesta
aunque fuera para celebrar el lado opuesto
romper la monotonía del concreto
y hacer de tu cuerpo la pareja del árbol
porque de alguna manera
hay que hacerle saber al miedo
que tenemos compañía
en la tormenta que nos une
hasta que llegue la noche
a este lugar detrás del olvido.

AMANECE EN LA CIUDAD

La mañana
es otra vez esta ciudad
con su tablillero de anaqueles vacíos
los coches que pasan lejanos
el tumulto que amontona siluetas en la plaza
la gente que transcurre
como un hormiguero visto desde arriba
tanta voz callada detrás de los cristales
el grito intermitente de los camiones
quién sabe cuántos millones de pecados
en cada lugar que habita la miseria
hasta que llega la noche
con su perdón de sombra
porque de alguna manera
hay que borrar lo que nos hace falta
en este séptimo día
cuando duermen los dioses
y la mañana es tan solo otra camándula
en el rosario de los pueblos.

PERDIDO

Cuando te quedas solo
en algún lugar del universo
el tiempo es una calle que no termina
un trozo de soledad perdido en algún camino
la multitud ajena que transcurre
como un siglo que pasa de largo
una piel vacía que anda
porque tiene que sobrevivir
recostada de alguna memoria
un libro que no encuentras
ese afán de horas detenidas
en el minutero roto del cariño
un corazón hecho tristeza
la noche que llega en cualquier minuto
la sombra que rebusca pecho adentro
con su aldea de ausencias
y ese afán de despedidas
el rostro de alguien que no está
como un nombre en el viento
y esa partícula
que ni tan siquiera se sabe tu nombre.

TOMAR EL TREN

A veces
quedarte solo
es como tomar el tren
esa garganta de concretos que nos traga
los ojos que se agarran de cualquier silueta
rascar el cielo en la punta
de un edificio lejano
gritar paisaje que nos azota el rostro
sacar el pañuelo sin que te vean
porque hay rocíos que nacen del alma
decir algún nombre sin mover los labios
soñar que alguien te espera
imaginar el rostro detrás de la estación
rebuscar los puntos cardinales
y descubrir la mano en alto
como una angustia de abrazos ajenos
en lo que llegas donde se te que quedó el corazón.

CON DOS NIÑAS EN EL TREN

Ahora entiendo
el aullido que desfallece
a la orilla de un perro abandonado
mientras repartes interrogantes
en las ventanas de la boletería
donde nos hablan desde ese lugar
que queda detrás del frío
con su máquina de voces
como un aviso que no te pertenece
el vagón vacío
las letras amarillas
con su martillo sobre la sien
los ojos sin contestación alguna
el susto detrás de la frente
los nombres que se te cuelan entre las palabras
el pasamanos que abrazas para no caerte
y musitar en una oración
el nombre de dos niñas
que juegan al otro lado del mundo.

CONOCER A MIRIAM

Abordar el tren
con tantas preguntas
como rostros que no son tuyos
aprenderte de memoria un solo lugar
y buscarlo en cada estación
hasta encontrar a Miriam
con su silueta en la ruta de las alamedas
caminar la calle de la aldea
oscurecer el frío que no te pertenece
por fin la casa del fogón y el vino
los libros que custodian la pared
el sobremesa para resolver el universo
y de pronto saberse de regreso
con una estola en el abrazo
otra vez el tren y sus estaciones
como una botella al mar de todos los silencios
otra vez el cuarto del encierro
con sus anaqueles de concreto
al otro lado de la ventana.

DESPEDIDA EN LA ALAMEDA

Otra vez el regreso
con sus escondrijos de luz en la arboleda
hecha de álamos al borde de este otoño
una pincelada de soles amarillos
esta hojarasca que no deja huellas
los pasos del frío que amodorra
la voz debajo de la estola
y el tren que llega para decirnos adiós
sin saber en qué lugar del tiempo
ocurrirá el encuentro siguiente.

LA MEMORIA

La memoria
queda al otro lado del mar
en el viceversa de esta esfera
que a veces nos lame el rostro
con sus tres cuartas partes de agua
y una casa de fogones encendidos
donde hay un abrazo que espera.

EL OLVIDO

Ahora sé
que el olvido
es el lugar más lejano
está después de la distancia
y lo peor es
que de allí no se regresa.

CONDICIÓN DE PÁJARO

Es mejor no tener memoria
ahora que el virus
es un pecado que nos deja solos
con su pedazo de hielo
un electrón que se queda sin átomo
y llevas en la espalda
la mochila de los signos de admiración
con su puñado de preguntas
para llenarla de paisajes
en el lado opuesto de tanta milla
que no se pueden amontonar
y es mejor borrarlas
hasta que llegues al final de la angustia
a ver si te devuelven
tu condición de pájaro
y entonces amanece.

DECRETOS

Llevo un poema en el hueso
está hecho de un pedazo de esfera
de algún electrón perdido en la molécula
de ese artificio que llaman distancia
como cuando Plutón dejó de ser planeta
y lo abandonaron en la punta del silencio
sin otra explicación que un diccionario
como cuando los decretos mandan
porque no hay cabida en el arca
cuando lo dice un libro sagrado
y necesitar el abrazo es un pecado mortal
entonces los dioses inventan un séptimo día
inapelables como un hemisferio
cuya identidad secreta
está al lado opuesto del cariño
hasta que llega el día del juicio final
a ver si te levantan el castigo
porque las alas son para siempre.

CINCO EN BUENOS AIRES

Éramos cinco
y estaba el invierno
con sus guedejas blancas
en algún lugar del viento
queríamos andar el camino
como una isla pequeña
derramada sin aviso en el continente
cada uno con su archipiélago de pájaros
la escalera de sueños
algún escondrijo en la tristeza
y un barco de carcajadas

éramos cinco
y nos bebía la noche
la bohemia de barrio pequeño
una mesa rodeada de risas por todas partes
como la isla de la alegría
con su pentagrama de tangos
en algún lugar de Buenos Aires
todavía sin descubrir,
el tinto que moja la memoria
como si se tratara del origen de todo
porque hay quienes comienzan cada vez
con su aventura de galaxias
en la molécula de la vida

la calle de la algarabía
con su danza de farolas
su aventura de rutas nuevas

el regreso del niño en la arruga del tiempo
por las cabriolas que a veces
se nos amanecen sin darnos cuenta

y entre todos fuimos el mejor poema.

EVA Y EL AMANECER

Eva es el amanecer
lleva un estallido de pájaros
de esos que mejor mueren de osadía
en algún lugar después de la consigna
porque le rompen el miedo
a la noche que sea
y hacen milagros sin darse cuenta
con la sílaba que llega al hueso
porque junto a sus pasos
somos ese levántate y anda
que nos hace falta.

RUBIS Y LA POESÍA

Rubis nos convoca
es un poema que busca la fuente
como cuando una horda de locos
quiere pintar la desnudez del alba
y doblamos las calles
en la tarde reclinada sobre el paisaje
hasta que nos cogió la noche
hecha de versos
en la fuente de Lola Mora
porque fuimos el mejor homenaje
en el abrazo de Venus
bajo un cuarto de luna
como un poema
en la mochila del asombro.

SANDRA Y EL ABRAZO

Sandra está hecha
de la brisa que llega
con sus ramas de árbol grande
y sombra mansa
es una solidaridad que te abraza
sus ojos de agua clara
y un rayo de luz en la conciencia
la serenata de frutas a la puerta
como si adivinara
que tienes miedo a quedarte solo
y aunque se tenga que ir
siempre se queda
en el hueso de cada neurona.

QUIQUE Y LAS UTOPÍAS

Iba como un chico travieso
de esos que siempre andan al frente
porque les gusta descubrir caminos nuevos
está hecho de guitarras
de algún poema que sale de pronto,
es una serenata que camina
una bohemia con ganas de utopía
a veces es también abrazo
como cuando necesitas un hermano
de esos que te regala la vida.

Y YO

Por mala suerte
los seguía un loco
de esos que en ocasiones
guarda el miedo tras la carcajada
le gustan los horizontes lejanos
y los amigos cercanos
aunque a veces no se atreva a decirlo
lleva una travesura en la palabra
y como si no fuera suficiente
con querer cambiar el mundo,
a veces se cree poeta.

LA TARDE

La tarde es amarilla
está hecha de alamedas
con su alfombra de otoño
a la orilla del camino,
lleva saludos apretados
después del frío,
un tren que corre desbocado
como el loco de cada día,
la sensación de vagones vacíos
llenos de gente y paisajes lejanos,
el miedo a perderse en el camino,
su desfile de arboledas
algún encuentro feliz
el brindis sobre cualquier cosa
la hoguera tibia que necesitamos
y la despedida sin saber hasta cuando.

GABRIELA

Cae la tarde
te asomas a la puerta
como un aviso en las teclas del teléfono
entonces sabes que alguien te espera
con el mapa que nos da sentido
caminas hecho de palabras
porque te enteras
de que la calle nunca se apaga
con su desafío de farolas
que le hacen grietas a la noche
ordenas la botella de vino
un risotto de palabras que acarician
un brindis por lo que se nos ocurra
hablas de Pizarnik
aunque prefieres a Olga Orozco
y te bebes la calle
como un vestíbulo de hotel
para decir poemas
la despedida es un lugar tibio
una promesa de otro encuentro
un verso que se acurruca
en el hueso de la memoria
y un día sin darte cuenta
recuerdas a Gabriela.

SÉ QUE VOLVEREMOS

Ahora que me voy
agradezco las calles que me diste
el saludo que guardo
con su feria del libro,
Caminito y sus bohemias
con el tango que nunca muere,
buscar en Corriente el 348
esa historia detenida antes del final,
el mercado a puño y trabajo,
tu olor de aventura
en las calles de la parrillada
hasta el fondo del hambre,
los caminos con su baile de farolas
hasta bebernos el universo
mientras cruzamos una noche rota,
aquel encuentro
con su brindis de versos
que se nos queda en el cariño
aun después del miedo y sus escondrijos
que se vistió de virus y ponzoñas
como una soledad que nos moja la cara
en la llovizna de los edificios altos

te juro que la despedida
se pintó de gris en las neuronas
porque estoy seguro que volveremos
a encontrarnos en el poema
que habita dondequiera
que va esta horda de locos

con su algoritmo de alas
para vencer el silencio
en la piel de una ciudad
llamada Buenos Aires.

William Pérez Vega

Nació en Comerío, Puerto Rico. Trabajador incansable, educador, escritor, compositor, militante de luchas ambientales, sindicales, políticas, comunales, por la paz de Vieques, la excarcelación de nuestras prisioneras y prisioneros políticos, por los derechos de la mujer y de todo aquello que constituya un reclamo de los marginados y marginadas de siempre. Maestro de escuela pública durante 34 años destacándose como dirigente magisterial a nivel local, regional y nacional. Fundador junto a otros de organizaciones como el Centro Cultural de Comerío, la Escuela de Bellas Artes de Comerío y el Festival Jíbaro Comerieño. Organizador junto a otros de la Cumbre Ambiental de la Montaña y de numerosas actividades en defensa de los derechos de la clase trabajadora. Defensor de la escuela pública y del derecho a la educación. Actualmente dirige Poetas en Marcha. Aparece publicado en numerosas antologías nacionales e internacionales. Parte de sus trabajos han sido traducidos a varios idiomas. Algunas de sus creaciones están musicalizadas en varias producciones discográficas por artistas como Andrés Jiménez y Américo Boschetti. Ha representado a Puerto Rico en varios festivales internacionales. Su poesía hace énfasis en las luchas sociales. Además de poesía, escribe monólogos, ensayos y cuentos. Sus consignas han animado las principales luchas sociales del país durante varias décadas. Poeta militante y militante poeta.

Libros publicados por el autor

1. Versos cotidianos, 1987
2. Por eso es el grito, 1988
3. Arcoíris, 1990
4. Jardín de versos, 1997
5. Manantial de versos, 2000
6. Lecciones y versos, 2001
7. Primero por la patria, 2001
8. Nanas y versos, 2002
9. Primero borincano, 2002
10. Canción para ti, 2004
11. La muerte de los dioses, 2007
12. Trazos y versos, 2007
13. Mi cantar se hace lección, 2008
14. Recital de lecciones, 2009
15. Areito, 2010
16. Pétalos de la patria, 2011
17. África vive en mi jardín, 2012
18. Piratas en un barco de papel, 2013
19. Julia, a flor de pueblo, 2014
20. Sueños, 2016
21. Poemas de café y jengibre, 2017
22. Se hace verso al andar, 2019
23. Poesía para mis nietas, 2020
24. Poesía de guerra y paz, 2022, 2023
25. Mi verso es una canción, 2022
26. Credos, 2022
27. Romances de amor y lucha, 2023
28. Las alas del encierro, 2023

Made in the USA
Middletown, DE
21 April 2023